Ouvrages publiés par Souscription.

CHEFS-D'OEUVRE

DES

THÉATRES ÉTRANGERS:

Allemand, Anglais, Chinois, Danois, Espagnol, Hollandais, Indien, Italien, Polonais, Portugais, Russe, Suédois; traduits en français par MM. AIGNAN, ANDRIEUX, Membres de l'Académie française; le baron de BARANTE, BERR, BERTRAND, CAMPENON, Membre de l'Académie française, BENJAMIN CONSTANT, CHATELAIN, COHEN, A. DENIS, F. DENIS, ESMÉNARD, GUIZARD, GUIZOT, LABEAUMELLE, LE BRUN, MALTE-BRUN, MENNECHET, Lecteur du Roi; MERVILLE, CHARLES NODIER, PICHOT, ABEL REMUSAT, CHARLES DE REMUSAT, le comte de SAINT-AULAIRE, le comte de St.-PRIEST, le baron de STAËL, TROGNON, VILLEMAIN, Membre de l'Académie française, VISCONTI.

FORMANT 20 vol. in-8° de plus de 500 pages.

CONDITIONS DE LA SOUSCRIPTION.

Pour être souscripteur, il suffit de se faire inscrire chez l'Éditeur.

Le prix de chaque volume est de 6 francs papier ordinaire, et 15 francs le grand papier vélin satiné : une livraison paraît tous les vingt jours. La collection entière sera publiée à la fin de mars 1823.

Le CONSTITUTIONNEL, le JOURNAL DES DÉBATS, le JOURNAL DE PARIS, le COURRIER FRANÇAIS, la QUOTIDIENNE, le MIROIR, ont en même temps, au fur et à mesure que les douze premières livraisons paraissaient, signalé à leurs lecteurs cette importante entreprise, en la désignant comme le monument littéraire le plus important qui ait été élevé à l'art dramatique. Depuis trente ans, les noms honorables des littérateurs qui y concourent nous dispensent d'ajouter aucun éloge sur son exécution. Qu'il nous suffise de dire que celui-ci complètera, avec notre édition de Shakspeare et de Schiller, la collection des poètes dramatiques que la France n'a pas produits, et que, réuni à l'excellent Théâtre des Grecs de M. Raoul-Rochette, et au Théâtre des Latins de MM. Duval et Levée, qui n'a pas mérité moins de succès, il tiendra lieu d'une bibliothèque entière des Théâtres étrangers.

OEUVRES COMPLÈTES

DE

SHAKSPEARE.

TRADUITES DE L'ANGLAIS PAR F. GUIZOT,
Et le traducteur de lord BYRON, ornées d'un beau portrait; précédée d'une notice biographique sur SHAKSPEARE, par F. GUIZOT.

13 volumes in-8°, de 515 pages chacun.

PRIX : chaque vol.............................. 5 fr.
Idem, papier satiné, 5 fr. 50 cent., et 15 fr. grand pap. raisin vélin.

Nous aurions pu réduire cette édition à dix volumes, selon la promesse du Prospectus, si les auteurs s'étaient contentés de reviser la première traduction; mais, outre les retranchements rétablis dans le corps des pièces, retranchements si nombreux (ils forment au moins trois volumes), que la modestie seule des traducteurs nous fait laisser le nom de LETOURNEUR en tête de cette traduction nouvelle; notre édition s'est encore enrichie d'une tragédie tout entière (PÉRICLÈS), et de deux poëmes de la jeunesse de Shakspeare (VÉNUS ET ADONIS et la MORT DE LUCRÈCE), d'une VIE DE SHAKSPEARE, par M. GUIZOT (ouvrage très-important, et qui a près de 200 pages), et de trente-sept notices et de notes, qui n'ont pas peu contribué au succès de cet ouvrage.

C'est au succès et à l'empressement avec lequel le public a bien voulu accueillir cette entreprise, que nous devons l'idée de notre importante collection des CHEFS-D'OEUVRE DES THÉÂTRES ÉTRANGERS.

TROIS MESSÉNIENNES,

SUR LES MALHEURS DE LA FRANCE.

DEUX MESSÉNIENNES

SUR LA VIE ET LA MORT DE JEANNE D'ARC.

SUIVIES D'UNE ÉPITRE A MM. DE L'ACADÉMIE FRANÇAISE.

Par M. CASIMIR DELAVIGNE.

CINQUIÈME ÉDITION.

A PARIS,

CHEZ LADVOCAT, LIBRAIRE,

ÉDITEUR DES OEUVRES COMPLÈTES DE SHAKSPEARE, SCHILLER, BYRON,
MILLEVOYE, ET DES CHEFS-D'OEUVRE DES THÉATRES ÉTRANGERS.

M DCCC XXII.

OEUVRES DRAMATIQUES

DE

SCHILLER,

Traduites de l'allemand; et précédées d'une notice biographique sur Schiller, par M. de Barante, Pair
de France;

Ornées d'un beau portrait.

6 volumes. Prix.. 3o fr.

Papier satiné 33 fr., grand raisin vélin......................... 9o fr.

Le mérite de cette traduction remarquable a encore augmenté la réputation littéraire de son auteur, presque aussi distingué par l'importance des emplois qu'il
a remplis, que par l'élévation de son talent. Tous les journaux n'ont eu qu'une
même opinion sur l'élégance avec laquelle il a reproduit le Théâtre du *Shakspeare*
de l'Allemague.

Ouvrages par Souscription.

OEUVRES

DE

LORD BYRON.

Quatrième édition entièrement revue et corrigée par
A. P.....T.; précédée d'une Notice sur Lord Byron,
par Charles NODIER.

5 vol. in-8°, ornés de 27 vignettes.

Cette édition paraît par livraison d'un volume; et chaque volume, composé de
5oo pages, coûte 9 francs; papier satiné, aux souscripteurs.

Cinquante exemplaires seulement seront tirés sur grand raisin, vélin satiné, et
coûteront 25 francs le volume, fig. avant la lettre et épreuves, eau forte.

Les cinq volumes seront finis le 15 de novembre 1822.

Pour rendre cette édition digne du but que je me suis proposé, je fais exécuter vingt-sept gravures d'après les beaux dessins de Westall, par les meilleurs artistes de notre école. Ce travail, déja très-avancé, qui n'aura rien à envier à celui des plus habiles graveurs de l'Angleterre, et qui ne fera cependant pas sortir mon édition de la proportion économique de vingt pour cent de prix d'achat (l'édition originale se vend 250 francs à Londres).

OEUVRES COMPLÈTES

DE

MILLEVOYE.

DÉDIÉES AU ROI.

4 VOL. IN-8°, ORNÉS D'UN BEAU PORTRAIT.

Il est inutile de parler des succès que Millevoye a obtenus dans tous les genres qu'il a essayés; ils ne sont pas moins connus : et ses poésies inédites, qui composent près du tiers de cette nouvelle édition, comprendront sous ce rapport des choses très-nouvelles, et qui révèleront des secrets particuliers de son talent, que ses amis les plus familiers n'avaient pas tous devinés.

Dans le reste de ses ouvrages, on a suivi avec fidélité, sur un exemplaire de la dernière édition, les corrections nombreuses et pleines de goût qui attestent dans le spirituel auteur cette facilité laborieuse, le don le plus rare du poète, et que Boileau se flattait d'avoir enseigné à Racine.

Cette édition, qui forme quatre volumes in-8°, est ornée d'un beau portrait, et précédée d'une Notice sur la vie de Millevoye, par un homme très-éclairé, dont l'amitié a présidé aux premiers développements de son talent. La mise en ordre des OEuvres a été confiée à M. Charles Nodier, qui fut un des meilleurs amis de Millevoye, et qui a reçu de ses dernières volontés cette intéressante mission.

Cette édition paraîtra par livraison d'un volume, de mois en mois, et chaque volume coûtera 6 francs 50 centimes, papier satiné, aux souscripteurs. Cinquante exemplaires seulement seront tirés sur papier grand-raisin vélin, et coûteront 20 francs le volume, figure avant la lettre.

La dernière livraison vient de paraître.

MESSÉNIENNES.

TROIS MESSÉNIENNES,

SUR LES MALHEURS DE LA FRANCE.

DEUX MESSÉNIENNES

SUR LA VIE ET LA MORT DE JEANNE D'ARC.

SUIVIES D'UNE ÉPITRE A MM. DE L'ACADÉMIE FRANÇAISE.

PAR M. CASIMIR DELAVIGNE.

CINQUIÈME ÉDITION.

A PARIS,

CHEZ LADVOCAT, LIBRAIRE,

ÉDITEUR DES ŒUVRES COMPLÈTES DE SHAKSPEARE, SCHILLER, BYRON,
MILLEVOYE, ET DES CHEFS-D'ŒUVRE DES THÉATRES ÉTRANGERS.

M DCCC XXII.

PREMIÈRE
MESSÉNIENNE.

5ᵉ édition.

. . . . « J'ai préféré la forme de l'élégie, « que des auteurs très-anciens ont souvent choisie pour « retracer les malheurs des nations. C'est ainsi que Tyrtée, « dans ses élégies, avait décrit en partie les guerres des « Lacédémoniens et des Messéniens; Callinus, celles qui de « son temps affligèrent l'Ionie; Mimnerme, la bataille que « les Smyrnéens livrèrent à Gygès, roi de Lydie. »

(ANACHARSIS, ch. XL, p. 34.)

Tout le monde a lu, dans le Voyage d'Anacharsis, les élégies sur les malheurs de la Messénie; j'ai cru pouvoir emprunter à Barthélemy le titre de MESSÉNIENNES, pour qualifier un genre de poésies nationales qu'on n'a pas encore essayé d'introduire dans notre littérature.

PREMIÈRE

MESSÉNIENNE.

SUR

LA BATAILLE DE WATERLOO[1].

Ils ne sont plus, laissez en paix leur cendre :
Par d'injustes clameurs ces braves outragés
A se justifier n'ont pas voulu descendre ;
    Mais un seul jour les a vengés ,
    Ils sont tous morts pour vous défendre.

---

(1) Cette élégie fut composée au mois de juillet 1815.

I.

Malheur à vous si vos yeux inhumains
N'ont point de pleurs pour la patrie!
Sans force contre vos chagrins,
Contre le mal commun votre ame est aguerrie,
Tremblez; la mort peut-être étend sur vous ses mains!

Que dis-je? quel Français n'a répandu des larmes
Sur nos défenseurs expirants?
Prêt à revoir les rois qu'il regretta vingt ans,
Quel vieillard n'a rougi du malheur de nos armes?
En pleurant ces guerriers par le destin trahis,
Quel vieillard n'a senti s'éveiller dans son ame
Quelque reste assoupi de cette antique flamme
Qui l'embrasait pour son pays!

Que de leçons, grand Dieu! que d'horribles images
L'histoire d'un seul jour présente aux yeux des rois!
Clio, sans que la plume échappe de ses doigts,
Pourra-t-elle en tracer les pages?

Cachez-moi ces soldats sous le nombre accablés,
Domptés par la fatigue, écrasés par la foudre,
Ces membres palpitants dispersés sur la poudre,

Ces cadavres amoncelés!

Éloignez de mes yeux ce monument funeste

De la fureur des nations :

O mort! épargne ce qui reste.

Varus! rends-nous nos légions!

Les coursiers frappés d'épouvante,

Les chefs et les soldats épars,

Nos aigles et nos étendards

Souillés d'une fange sanglante,

Insultés par les léopards,

Les blessés mourant sur les chars,

Tout se presse sans ordre, et la foule incertaine,

Qui se tourmente en vains efforts,

S'agite, se heurte, se traîne,

Et laisse après soi dans la plaine,

Du sang, des débris et des morts.

Parmi des tourbillons de flamme et de fumée,

O douleur! quel spectacle à mes yeux vient s'offrir?

Le bataillon sacré, seul devant une armée,

S'arrête pour mourir.

C'est en vain que, surpris d'une vertu si rare,

Les vainqueurs dans leurs mains retiennent le trépas;
Fier de le conquérir, il court il s'en empare :
LA GARDE, avait-il dit, MEURT ET NE SE REND PAS.

On dit qu'en les voyant couchés sur la poussière,
D'un respect douloureux frappé par tant d'exploits,
L'ennemi, l'œil fixé sur leur face guerrière,
Les regarda sans peur pour la première fois.

Les voilà ces héros si long-temps invincibles!
Ils menacent encor les vainqueurs étonnés!
Glacés par le trépas, que leurs yeux sont terribles!
Que de hauts faits écrits sur leurs fronts sillonnés!
Ils ont bravé les feux du soleil d'Italie,
    De la Castille ils ont franchi les monts;
Et le Nord les a vus marcher sur les glaçons
Dont l'éternel rempart protége la Russie.
Ils avaient tout dompté... Le destin des combats
    Leur devait, après tant de gloire,
Ce qu'aux Français naguère il ne refusait pas,
Le bonheur de mourir dans un jour de victoire.

Ah! ne les pleurons pas! sur leurs fronts triomphants

La palme de l'honneur n'a pas été flétrie ;

Pleurons sur nous, Français, pleurons sur la patrie :

L'orgueil et l'intérêt divisent ses enfants.

Quel siècle en trahisons fut jamais plus fertile ?

L'amour du bien commun de tous les cœurs s'exile :

La timide amitié n'a plus d'épanchements ;

On s'évite, on se craint ; la foi n'a plus d'asile,

Et s'enfuit d'épouvante au bruit de nos serments.

O vertige fatal ! déplorables querelles

Qui livrent nos foyers au fer de l'étranger !

Le glaive étincelant dans nos mains infidèles

Ensanglante le sein qu'il devrait protéger.

L'ennemi cependant renverse les murailles

    De nos forts et de nos cités ;

La foudre tonne encor, au mépris des traités.

    L'incendie et les funérailles

Épouvantent encor nos hameaux dévastés ;

D'avides proconsuls dévorent nos provinces ;

Et, sous l'écharpe blanche, ou sous les trois couleurs,

Les Français, disputant pour le choix de leurs princes,

Détrônent des drapeaux et proscrivent des fleurs.

Des soldats de la Germanie
    J'ai vu les coursiers vagabonds
Dans nos jardins pompeux errer sur les gazons,
Parmi ces demi-dieux qu'enfanta le génie.
J'ai vu des bataillons, des tentes et des chars,
Et l'appareil d'un camp dans le temple des arts.
Faut-il, muets témoins, dévorer tant d'outrages?
Faut-il que le Français, l'olivier dans la main,
Reste insensible et froid comme ces dieux d'airain
    Dont ils insultent les images?

Nous devons tous nos maux à ces divisions
    Que nourrit notre intolérance.
Il est temps d'immoler au bonheur de la France
Cet orgueil ombrageux de nos opinions.
Étouffons le flambeau des guerres intestines.
Soldats! le ciel prononce, il relève les lis:
Adoptez les couleurs du héros de Bovines,
En donnant une larme aux drapeaux d'Austerlitz.

France, réveille-toi! qu'un courroux unanime
Enfante des guerriers autour du souverain!

Divisés, désarmés, le vainqueur nous opprime;
Présentons-lui la paix, les armes à la main.

Et vous, peuples si fiers du trépas de nos braves,
    Vous, les témoins de notre deuil,
    Ne croyez pas, dans votre orgueil,
Que, pour être vaincus, les Français soient esclaves,
Gardez-vous d'irriter nos vengeurs à venir;
Peut-être que le Ciel, lassé de nous punir,
    Seconderait notre courage;
    Et qu'un autre Germanicus
Irait demander compte aux Germains d'un autre âge
    De la défaite de Varus.

SECONDE
MESSÉNIENNE.

SUR

LA DÉVASTATION DU MUSÉE

ET DES MONUMENTS.

L A sainte vérité qui m'échauffe et m'inspire,
Écarte et foule aux pieds les voiles imposteurs :
Ma muse de nos maux flétrira les auteurs,
    Dussé-je voir briser ma lyre
Par le glaive insolent de nos libérateurs.

Où vont ces chars pesants conduits par leurs cohortes?
Sous les voûtes du Louvre ils marchent à pas lents :

Ils s'arrêtent devant ses portes ;
Viennent-ils lui ravir ses sacrés ornements ?

Muses, penchez vos têtes abattues :
Du siècle de Léon les chefs-d'œuvre divins
Sous un ciel sans clarté suivront les froids Germains ;
Les vaisseaux d'Albion attendent nos statues.
Des profanateurs inhumains
Vont-ils anéantir tant de veilles savantes ?
Porteront-ils le fer sur les toiles vivantes
Que Raphaël anima de ses mains ?

Dieu du jour, Dieu des vers, ils brisent ton image.
C'en est fait : la victoire et la divinité
Ne couronnent plus ton visage
D'une double immortalité.
C'en est fait : loin de toi jette un arc inutile.
Non, tu n'inspiras point le vieux chantre d'Achille ;
Non, tu n'es pas le dieu qui vengea les neuf sœurs
Des fureurs d'un monstre sauvage,
Toi qui n'as pas un trait pour venger ton outrage
Et terrasser tes ravisseurs.

Le deuil est aux bosquets de Gnide ;
Muet, pâle et le front baissé,
L'amour, que la guerre intimide,
Éteint son flambeau renversé.

Des graces la troupe légère
L'interroge sur ses douleurs :
Il leur dit, en versant des pleurs :
« J'ai vu Mars outrager ma mère (1). »

Je crois entendre encor les clameurs des soldats
Entraînant la jeune immortelle :
Le fer a mutilé ses membres délicats ;
Hélas ! elle semblait, et plus chaste et plus belle,
Cacher sa honte entre leurs bras.
Dans un fort pris d'assaut telle une vierge en larmes,
Aux yeux des forcenés dont l'insolente ardeur
Déchira les tissus qui dérobaient ses charmes,
Se voile encor de sa pudeur.

Adieu, débris fameux de Grèce et d'Ausonie,

---

(1) La Vénus de Médicis.

Et vous, tableaux errants de climats en climats;
Adieu, Corrége, Albane, immortel Phidias,
     . Adieu, les arts et le génie!

Noble France, pardonne! A tes pompeux travaux,
Aux Pujet, aux Lebrun, ma douleur fait injure.
David a ramené son siècle à la Nature :
Parmi ses nourrissons il compte des rivaux...
Laissons-la s'élever cette école nouvelle!
Le laurier de David de lauriers entouré,
Fier de ses rejetons, enfante un bois sacré
Qui protége les arts de son ombre éternelle.

    Le marbre animé parle aux yeux :
    Une autre Vénus plus féconde,
    Près d'Hercule victorieux,
    Étend son flambeau sur le monde.
    Ajax, de son pied furieux,
    Insulte au flot qui se retire;
    L'œil superbe, un bras dans les cieux,
    Il s'élance, et je l'entends dire :
    « J'échapperai malgré les dieux. »

Mais quels monceaux de morts! que de spectres livides!

Ils tombent dans Jaffa ces vieux soldats français

Qui réveillaient naguère, au bruit de leurs succès,

Les siècles entassés au fond des Pyramides.

   Ah! fuyons ces bords meurtriers!

D'où te vient, Austerlitz, l'éclat qui t'environne?

Qui dois-je couronner du peintre ou des guerriers?

Les guerriers et le peintre ont droit à la couronne.

Des chefs-d'œuvre français naissent de toutes parts;

Ils surprennent mon cœur à d'invincibles charmes:

Au Déluge, en tremblant, j'applaudis par mes larmes;

   Didon enchante mes regards;

Versant sur un beau corps sa clarté caressante,

A travers le feuillage un faible et doux rayon

   Porte les baisers d'une amante

   Sur les lèvres d'Endymion;

De son flambeau vengeur Némésis m'épouvante!

Je frémis avec Phèdre, et n'ose interroger

L'accusé dédaigneux qui semble la juger.

Je vois Léonidas. O courage! ô patrie!

Trois cents héros sont morts dans ce détroit fameux;

Trois cents! quel souvenir!... Je pleure... et je m'écrie ·
Dix-huit mille Français ont expiré comme eux!

Oui : j'en suis fier encor : ma patrie est l'asyle,
  Elle est le temple des beaux-arts :
  A l'ombre de nos étendards,
Ils reviendront ces dieux que la fortune exile.

L'étranger qui nous trompe écrase impunément
La justice et la foi sous le glaive étouffées;
Il ternit pour jamais sa splendeur d'un moment.
Il triomphe en barbare et brise nos trophées :
  Que cet orgueil est misérable et vain!
Croit-il anéantir tous nos titres de gloire?
On peut les effacer sur le marbre ou l'airain;
Qui les effacera du livre de l'histoire?

Ah! tant que le soleil luira sur vos états,
Il en doit éclairer d'impérissables marques :
Comment disparaîtront, ô superbes monarques,
Ces champs où les lauriers croissaient pour nos soldats?
Allez, détruisez donc tant de cités royales
Dont les clefs d'or suivaient nos pompes triomphales;

Comblez ces fleuves écumants

Qui nous ont opposé d'impuissantes barrières ;

Aplanissez ces monts dont les rochers fumants

Tremblaient sous nos foudres guerrières.

Voilà nos monuments : c'est là que nos exploits

Redoutent peu l'orgueil d'une injuste victoire :

Le fer, le feu, le temps plus puissant que les rois,

Ne peut rien contre leur mémoire.

TROISIÈME
MESSÉNIENNE.

TROISIÈME

MESSÉNIENNE,

SUR LE BESOIN DE S'UNIR

APRÈS LE DÉPART DES ÉTRANGERS.

———◦———

O toi que l'univers adore,
  O toi que maudit l'univers,
Fortune, dont la main, du couchant à l'aurore,
Dispense les lauriers, les sceptres et les fers,
Ton aveugle courroux nous garde-t-il encore
  Des triomphes et des revers?

Nos malheurs trop fameux proclament ta puissance :
Tes jeux furent sanglants dans notre belle France :

Le peuple mieux instruit, mais trop fier de ses droits,
Sur les débris du trône établit son empire,
Poussa la liberté jusqu'au mépris des lois,
Et la raison jusqu'au délire.

Bientôt au premier rang porté par ses exploits,
Un roi nouveau brisa d'un sceptre despotique
Les faisceaux de la République,
Tout dégouttants du sang des rois.

Pour affermir son trône, il lassa la victoire,
D'un peuple généreux prodigua la valeur;
L'Europe qu'il bravait a fléchi sous sa gloire :
Elle insulte à notre malheur.
C'est qu'ils ne vivent plus que dans notre mémoire
Ces guerriers dont le Nord a moissonné la fleur.
O désastre! ô pitié! jour à jamais célèbre,
Où ce cri s'éleva dans la patrie en deuil :
Ils sont morts, et Moscow fut le flambeau funèbre
Qui prêta ses clartés à leur vaste cercueil.

Ces règnes d'un moment et ces chutes soudaines,
Tant d'incroyables changements

Ont laissé des levains de discorde et de haines
    Dans nos esprits plus turbulents.

Cessant de comprimer la fièvre qui l'agite,
Le fier républicain, sourd aux leçons du temps,
Appelle avec fureur, dans ses rêves ardents,
    Une liberté sans limite;
Mais cette liberté fut féconde en forfaits:
Cet océan trompeur, qui n'a point de rivages,
N'est connu jusqu'à nous que par de grands naufrages
    Dans les annales des Français.

« Que nos maux, direz-vous, nous soient du moins utiles:
« Opposons une digue aux tempêtes civiles;
« Que deux pouvoirs rivaux, l'un émané des rois,
« L'autre sorti du peuple et garant de ses droits,
« Libres et dépendants, offrent au rang suprême
« Un rempart contre nous, un frein contre lui-même. »

Vainement la raison vous dicte ses discours;
L'égoïsme et l'orgueil sont aveugles et sourds:
Cet amant du passé, que le présent irrite,
Jaloux de voir ses rois d'entraves dégagés,

Le front baissé, se précipite
Sous la verge des préjugés.

Quoi! toujours des partis proclamés légitimes,
Tant qu'ils règnent sur nos débris,
L'un par l'autre abattus, proscrivant ou proscrits,
Tour-à-tour tyrans ou victimes!

Empire malheureux, voilà donc ton destin!...
Français, ne dites plus : « La France nous est chère »;
Elle désavouerait votre amour inhumain.
Cessez, enfants ingrats, d'embrasser votre mère,
Pour vous étouffer dans son sein.
Contre ses ennemis tournez votre courage;
Au conseil des vainqueurs son sort est agité :
Ces rois qui l'encensaient fiers de leur esclavage,
Vont lui vendre la liberté.

Non, ce n'est pas en vain que sa voix nous appelle;
Et, s'ils ont prétendu, par d'infames traités,
Imprimer sur nos fronts une tache éternelle;
Si de leur doigt superbe ils marquent les cités,
Que veut se partager une ligue infidèle;

Si la foi des serments n'est qu'un garant trompeur;
Si le glaive à la main l'iniquité l'emporte;
Si la France n'est plus, si la patrie est morte,
Mourons tous avec elle, ou rendons-lui l'honneur.

Qu'entends-je? et d'où vient cette ivresse
Qui semble croître dans son cours?
Quels chants, quels transports d'alégresse!
Quel bruyant et nombreux concours!
Des citoyens ravis la foule au loin se presse;
D'une plus noble ardeur leurs yeux sont embrasés;
Ils s'arrêtent l'un l'autre, ils s'embrassent; nos braves
Lèvent plus fièrement leurs fronts cicatrisés...
Oui, l'étranger s'éloigne; oui, vos fers sont brisés,
Français; vous n'êtes plus esclaves!

Reprends ton orgueil,
Ma noble patrie;
Quitte enfin ton deuil,
Liberté chérie;
Liberté, patrie,
Sortez du cercueil!...

Trente ans de victoire
Ont dû nous venger :
Laissons l'étranger
Vanter de sa gloire
L'éclat passager.

S'il insulte à nos maux, méprisons ses injures;
Riche des étendards conquis sur nos rivaux,
La patrie à leurs yeux peut voiler ses blessures
En les cachant sous leurs drapeaux.

Voulons-nous enchaîner leurs fureurs impuissantes,
Soyons unis, Français; nous ne les verrons plus
Nous dicter d'Albion les décrets absolus,
Arborer sur nos tours ses couleurs menaçantes.
Nous ne les verrons plus, le front ceint de lauriers,
Troublant de leur aspect les fêtes du génie
        Chez Melpomène et Polymnie,
Usurper une place où siégeaient nos guerriers.
Nous ne les verrons plus nous accorder par grace
Une part des trésors flottants sur nos sillons.
        Soyons unis, jamais leurs bataillons

De nos champs envahis ne couvriront la face :
La France dans son sein ne les peut endurer,
Et ne les recevrait que pour les dévorer.

Ah ! ne l'oublions pas ; naguère dans ces plaines
    Où le sort nous abandonna,
Nous n'avions pas porté des ames moins romaines,
Qu'aux champs de Rivoli, de Fleurus, d'Iéna ;
Mais nos divisions nous y forgeaient des chaînes.
Effrayante leçon qui doit unir nos cœurs
    Par des liens indestructibles :
    Le courage fait des vainqueurs ;
    La concorde, des invincibles.

Henri, divin Henri, toi qui fus grand et bon,
Qui chassas l'Espagnol et finis nos misères,
Les partis sont d'accord en prononçant ton nom ;
Henri, de tes enfants fais un peuple de frères.
Ton image déja semble nous protéger ;
Tu renais ; avec toi renaît l'indépendance :
O roi le plus Français dont s'honore la France ,
Il est dans ton destin de voir fuir l'étranger !

Et toi, son digne fils, après vingt ans d'orage,
Règne sur des sujets par toi-même ennoblis.
Leurs droits sont consacrés dans ton plus bel ouvrage :
Oui, ce grand monument, affermi d'âge en âge,
Doit couvrir de son ombre et le peuple et les lis.
Il est des opprimés l'asyle impérissable,
La terreur du tyran, du ministre coupable,
  Le temple de nos libertés.
Que la France prospère en tes mains magnanimes ;
Que tes jours soient sereins, tes décrets respectés,
  Toi, qui proclames ces maximes :
O rois, pour commander, obéissez aux lois ;
Peuple, en obéissant, sois libre sous tes rois !

ÉLÉGIES

SUR

JEANNE D'ARC.

PREMIÈRE

MESSÉNIENNE.

SUR LA VIE

DE JEANNE D'ARC.

U N jour que l'Océan gonflé par la tempête,
Réunissant les eaux de ses fleuves divers,
Fier de tout envahir, marchait à la conquête
    De ce vaste univers,
Une voix s'éleva du milieu des orages,
Et Dieu, de tant d'audace invisible témoin,
Dit aux flots étonnés : « Mourez sur ces rivages,
    « Vous n'irez pas plus loin. »

3

Ainsi, quand tourmentés d'une impuissante rage,
Les soldats de Bedfort, grossis par leurs succès,
  Menaçaient d'un prochain naufrage
  Le royaume et le nom français;
Une femme, arrêtant ces bandes formidables,
Se montra dans nos champs de leur foule inondés;
Et ce torrent vainqueur expira dans les sables
Que naguère il couvrait de ses flots débordés.

Une femme paraît; une vierge, un héros.
Elle arrache son maître aux langueurs du repos.
La France qui gémit se réveille avec peine,
Voit son trône abattu, voit ses champs dévastés,
  Se lève en secouant sa chaîne,
Et rassemble à ce bruit ses enfants irrités.

  Qui t'inspira, jeune et faible bergère,
  D'abandonner la houlette légère
  Et les tissus commencés par ta main?
  Ta sainte ardeur n'a pas été trompée;
  Mais quel pouvoir brise sous ton épée
  Les cimiers d'or et les casques d'airain?

L'aube du jour voit briller ton armure,

L'acier pesant couvre ta chevelure,

Et des combats tu cours braver le sort;

Qui t'inspira de quitter ton vieux père,

De préférer aux baisers de ta mère

L'horreur des camps, le carnage et la mort?

C'est Dieu qui l'a voulu, c'est le dieu des armées,

Qui regarde en pitié les pleurs des malheureux;

C'est lui qui délivra nos tribus opprimées

      Sous le poids d'un joug rigoureux;

C'est lui, c'est l'Éternel, c'est le dieu des armées!

L'ange exterminateur bénit ton étendard;

Il mit dans tes accents un son mâle et terrible,

La force dans ton bras, la mort dans ton regard,

      Et dit à la brebis paisible:

      Va déchirer le léopard.

Richemont, la Hire, Xaintrailles,

Dunois, et vous, preux chevaliers,

Suivez ses pas dans les batailles;

Couvrez-la de vos boucliers,

Couvrez-la de votre vaillance;

Soldats, c'est l'espoir de la France

Que votre roi vous a commis.

Marchez quand sa voix vous appelle,

Car la victoire est avec elle;

La fuite, avec ses ennemis.

Apprenez d'une femme à forcer des murailles,

A gravir leurs débris sous des feux dévorants,

A terrasser l'Anglais, à porter dans ses rangs

Un bras fécond en funérailles!

Honneur à ses hauts faits! guerriers, honneur à vous!

Chante, heureuse Orléans, les vengeurs de la France,

Chante ta délivrance:

Les assaillants nombreux sont tombés sous leurs coups.

Que sont-ils devenus ces conquérants sauvages

Devant le fer vainqueur qui combattait pour nous?...

Ce que deviennent des nuages

D'insectes dévorants dans les airs rassemblés,

Quand un noir tourbillon élancé des montagnes

Disperse en tournoyant ces bataillons ailés,

    Et fait pleuvoir sur nos campagnes

    Leurs cadavres amoncelés.

    Aux yeux d'un ennemi superbe

    Le lys a repris ses couleurs ;

    Ses longs rameaux courbés sous l'herbe

    Se relèvent couverts de fleurs.

Jeanne au front de son maître a posé la couronne.

A l'attrait des plaisirs qui retiennent ses pas

    La noble fille l'abandonne :

Délices de la cour, vous n'enchaînerez pas

    L'ardeur d'une vertu si pure ;

    Des armes, voilà sa parure,

    Et ses plaisirs sont les combats.

Ainsi tout prospérait à son jeune courage.

Dieu conduisit deux ans ce merveilleux ouvrage.

    Il se plut à récompenser

Pour la France et ses rois son amour idolâtre.

Deux ans il la soutint sur ce brillant théâtre,

Pour apprendre aux Anglais, qu'il voulait abaisser,
Que la France jamais ne périt toute entière,
Que, son dernier vengeur fût-il dans la poussière,
Les femmes, au besoin, pourraient les en chasser.

SECONDE

MESSÉNIENNE.

SUR JEANNE D'ARC.

SECONDE
MESSÉNIENNE,

SUR LA MORT

DE JEANNE D'ARC.

Silence au camp! la vierge est prisonnière;
Par un injuste arrêt Bedfort croit la flétrir :
Jeune encore, elle touche à son heure dernière....
    Silence au camp! la vierge va périr.

Des pontifes divins, vendus à la puissance,
Sous les subtilités des dogmes ténébreux
    Ont accablé son innocence.
Les Anglais commandaient ce sacrifice affreux :
Un prêtre en cheveux blancs ordonna le supplice;
Et c'est au nom d'un dieu par lui calomnié,

D'un dieu de vérité, d'amour et de justice,

Qu'un prêtre fut perfide, injuste et sans pitié.

Dieu, quand ton jour viendra, quel sera le partage

         Des pontifes persécuteurs?

Oseront-ils prétendre au céleste héritage

De l'innocent dont ils ont bu les pleurs?

Ils seront rejetés, ces pieux imposteurs,

Qui font servir ton nom de complice à leur rage,

Et t'offrent pour encens la vapeur du carnage.

A qui réserve-t-on ces apprêts meurtriers?

         Pour qui ces torches qu'on excite?

         L'airain sacré tremble et s'agite...

D'où vient ce bruit lugubre? où courent ces guerriers,

Dont la foule à longs flots roule et se précipite?

         La joie éclate sur leurs traits,

         Sans doute l'honneur les enflamme;

Ils vont pour un assaut former leurs rangs épais:

         Non, ces guerriers sont des Anglais,

         Qui vont voir mourir une femme.

         Qu'ils sont nobles dans leur courroux!

Qu'il est beau d'insulter au bras chargé d'entraves!

La voyant sans défense, ils s'écriaient, ces braves :

  Qu'elle meure; elle a contre nous

Des esprits infernaux suscité la magie...

  Lâches! que lui reprochez-vous?

D'un courage inspiré la brûlante énergie,

L'amour du nom français, le mépris du danger,

  Voilà sa magie et ses charmes;

  En faut-il d'autres que des armes

Pour combattre, pour vaincre et punir l'étranger?

Du Christ avec ardeur Jeanne baisait l'image;

Ses longs cheveux épars flottaient au gré des vents :

Au pied de l'échafaud, sans changer de visage,

  Elle s'avançait à pas lents.

Tranquille elle y monta; quand, debout sur le faîte,

Elle vit ce bûcher qui l'allait dévorer,

Les bourreaux en suspens, la flamme déja prête,

Sentant son cœur faillir, elle baissa la tête,

  Et se prit à pleurer.

  Ah! pleure, fille infortunée!

  Ta jeunesse va se flétrir

Dans sa fleur trop tôt moissonnée !
Adieu, beau ciel, il faut mourir.

Ainsi qu'une source affaiblie,
Près du lieu même où naît son cours,
Meurt en prodiguant ses secours
Au berger qui passe et l'oublie ;

Ainsi, dans l'âge des amours,
Finit ta chaste destinée,
Et tu péris abandonnée
Par ceux dont tu sauvas les jours.

Tu ne reverras plus tes riantes montagnes,
Le temple, le hameau, les champs de Vaucouleurs,
Et ta chaumière et ses compagnes,
Et ton père expirant sous le poids des douleurs.

Chevaliers, parmi vous qui combattra pour elle ?
N'osez-vous entreprendre une cause si belle ?
Quoi ! vous restez muets ! aucun ne sort des rangs !
Aucun pour la sauver ne descend dans la lice !
Puisqu'un forfait si noir les trouve indifférents,
Tonnez, confondez l'injustice,

Cieux, obscurcissez-vous de nuages épais;

Éteignez sous leurs flots les feux du sacrifice,

    Ou guidez au lieu du supplice,

A défaut du tonnerre, un chevalier français.

Après quelques instants d'un horrible silence,

Tout-à-coup le feu brille, il s'irrite, il s'élance...

Le cœur de la guerrière alors s'est ranimé;

A travers les vapeurs d'une fumée ardente,

    Jeanne, encor menaçante,

Montre aux Anglais son bras à demi consumé.

    Pourquoi reculer d'épouvante,

    Anglais? son bras est désarmé.

La flamme l'environne, et sa voix expirante

Murmure encore: ô France! ô mon roi bien-aimé!

Que faisait-il ce roi? Plongé dans la mollesse,

Tandis que le malheur réclamait son appui,

L'ingrat, il oubliait, aux pieds d'une maîtresse,

    La vierge qui mourait pour lui!

    Ah! qu'une page si funeste

    De ce règne victorieux,

    Pour n'en pas obscurcir le reste,

S'efface sous les pleurs qui tombent de nos yeux !
Qu'un monument s'élève aux lieux de ta naissance,
O toi, qui des vainqueurs renversas les projets !
La France y portera son deuil et ses regrets,
   Sa tardive reconnaissance ;
Elle y viendra gémir sous de jeunes cyprès :
Puissent croître avec eux ta gloire et sa puissance !

Que sur l'airain funèbre on grave des combats,
Des étendards anglais fuyant devant tes pas,
Dieu vengeant par tes mains la plus juste des causes :
Venez, jeunes beautés ; venez, braves soldats ;
Semez sur son tombeau les lauriers et les roses !
Qu'un jour le voyageur, en parcourant ces bois,
Cueille un rameau sacré, l'y dépose et s'écrie :
« A celle qui sauva le trône et la patrie,
« Et n'obtint qu'un tombeau pour prix de ses exploits ! »

Notre armée au cercueil eut mon premier hommage ;
Mon luth chante aujourd'hui les vertus d'un autre âge :
Ai-je trop présumé de ses faibles accents ?
   Pour célébrer tant de vaillance,

Sans doute il n'a rendu que des sons impuissants;

Mais, poète et Français, j'aime à vanter la France.

Qu'elle accepte en tribut de périssables fleurs.

Malheureux de ses maux, et fier de ses victoires,

Je dépose à ses pieds ma joie ou mes douleurs :

J'ai des chants pour toutes ses gloires,

Des larmes pour tous ses malheurs.

ÉPITRE.

.... Et proposui in animo meo quærere et
investigare sapienter de omnibus quæ fiunt
sub sole. Hanc occupationem pessimam
dedit Deus filiis hominum, ut occupa-
rentur in eâ. (ECCLESIASTES, cap. I.)

ÉPITRE

A MESSIEURS

DE L'ACADÉMIE FRANÇAISE,

SUR CETTE QUESTION:

L'ÉTUDE FAIT-ELLE LE BONHEUR DANS TOUTES
LES SITUATIONS DE LA VIE?

Illustres héritiers du sceptre académique,
Tous égaux en pouvoir, vous dont la république
Offre aux regards, surpris de cet accord heureux,
Quarante souverains qui sont unis entre eux,
Souffrez que la Sorbonne, armée à la légère,
Hasarde contre vous un combat littéraire.
Le bonnet de docteur couvre mes cheveux blancs,
Et pour argumenter je monte sur les bancs.

4.

Des neuf vierges du Pinde éloquents interprètes,
Le ciel vous a dotés de ses faveurs secrètes;
Vous avez vu les fruits de vos nobles travaux
D'un public idolâtre emporter les bravos :
Soit que les yeux en pleurs sur la scène il contemple
Benjamin, Clytemnestre et les héros du Temple;
Que deux amis rivaux, pour corriger Paris,
Reproduisent Térence et Plaute en leurs écrits;
Soit que vous décriviez, sur le mont d'Aonie,
Les doux travaux des champs et les lois d'Uranie;
Que la grave Clio vous prête son burin,
Ou qu'Apollon vous guide, un Homère à la main.
Je le sais, une étude et constante et profonde
De triomphes pour vous fut la source féconde.
L'étude, à vous entendre, est un divin secours;
De l'existence entière elle embellit le cours....
Rebelle sur ce point, pardonnez si ma plume
Prouve que ses plaisirs sont mêlés d'amertume;
Que, semblable à ce mets du bossu phrygien,
L'étude est un grand mal comme un souverain bien.
Le besoin de parler m'entraîne à contredire;
Je suis vieux et docteur, passez-moi mon délire.

Heureux, heureux le temps où les premiers humains
Du temple de mémoire ignoraient les chemins !
Non pas qu'au siècle d'or ma muse les couronne
Des éternelles fleurs d'un printemps monotone ;
Non que je prise fort l'innocence des mœurs
Qui dans un lourd repos assoupit nos humeurs,
Éteint des passions les flammes immortelles ;
Il n'est point de grandeur, point de bonheur sans elles.
Humains, j'aime à vous voir en ce siècle vanté
Jouir avec excès de votre liberté.
Dans de vieux préjugés votre esprit à la gêne
N'était pas en naissant accablé sous sa chaîne ;
Vous n'aviez point payé, par d'arides travaux,
Les tristes visions qui troublent nos cerveaux ;
De la nature encor vous respectiez les voiles ;
Qui de vous disputait sur le cours des étoiles ?
Le fanatisme ardent, qui parle au nom du ciel,
Ne gonflait point vos cœurs d'arrogance et de fiel ;
Des sectes et des lois dédaignant l'esclavage,
Vous réfléchissiez moins, vous sentiez davantage.
Votre amour est farouche et tient de la fureur ;
Votre prompte justice imprime la terreur ;

Mais dans l'aspérité de vos vertus naïves
Brillent du naturel les traces primitives.
J'admire plus cent fois ce lion furieux,
Qui, la gueule béante et le sang dans les yeux,
Les ongles tressaillant d'une effroyable joie,
Suit son instinct féroce et déchire sa proie,
Que ces ours baladins, sous le bâton dressés,
Étalant aux regards leurs ongles émoussés,
Leur gueule sans honneur, que le fer a flétrie,
Attributs impuissants d'une race avilie.

Las d'un libre destin, las de sa dignité,
L'homme sur ses autels plaça la vanité.
Le front chargé d'ennuis l'étude prit naissance,
Et l'erreur à sa voix détrôna l'ignorance.
L'homme a dit (1) : « Je sais tout et j'ai tout défini;

---

(1) Locutus sum in corde meo, dicens : Ecce magnus effectus sum, et præcessi omnes sapientiâ qui fuerunt ante me in Jerusalem ; et meus mea contemplata est multa sapienter, et didici.

Dedique cor meum ut scirem prudentiam atque doctrinam, errores et stultitiam; et agnovi quod in his quoque esset labor et afflictio spiritûs. (ECCLESIASTES, cap. I.)

« J'ai pour loi la raison, pour borne l'infini.

« L'étude me ravit à des hauteurs sublimes :

« De ce globe étonné j'ai sondé les abymes :

« Cet élément subtil dont il roule entouré ;

« Ce feu, de tous les corps le principe sacré ;

« L'onde qui les nourrit de ses flots salutaires,

« N'ont pu contre mes yeux défendre leurs mystères.

« Est-il quelques secrets cachés au fond des cieux,

« Que n'ait point pénétré mon regard curieux ?... »

Moins fier de sa raison, il eût mieux dit peut-être :

« J'ai su tout expliquer, ne pouvant tout connaître. »

L'insensé ! quels combats il s'épuise à livrer

Pour détruire un mensonge ou pour le consacrer !

Que d'efforts malheureux, que de veilles stériles !

Qu'il érige à grands frais de systêmes fragiles !

Ptolémée, illustré par cent travaux divers (1),

Dans un ciel de crystal fait tourner l'univers.

---

(1) Ptolémée, surnommé le Très-Sage et le Divin, suppose l'existence d'un dernier ciel de crystal qui imprimait le mouvement à tous les autres.

D'autres, soumettant tout aux lois de Polymnie (1),

Des cercles étoilés ont noté l'harmonie.

Si le temps nous éclaire et les a réfutés,

Le temps de mille erreurs a fait des vérités.

Tout le savoir humain n'est qu'un grand labyrinthe.

L'étude nous conduit dans cette obscure enceinte;

De son fil embrouillé, qui s'allonge toujours,

On suit péniblement les tortueux détours;

Le voyageur perdu marche de doute en doute,

Et sans se retrouver expire sur la route.

A peine un faible enfant, échappé du berceau,

A brisé ces liens qui révoltaient Rousseau,

Les Quatre Facultés, dont la voix l'endoctrine,

Épouvantent ses yeux de leur manteau d'hermine.

Certes, quand la frayeur hâte ses premiers pas,

Le chemin qu'il parcourt a pour lui peu d'appas.

---

(1) On connaît les idées des anciens sur l'harmonie des corps
célestes. Pythagore et ses disciples avaient représenté par les
sept notes de la musique les sept planètes alors connues.

Ne maudissiez-vous point Sophocle et Stésichore,
Quand, leurs vers à la main, vous ignoriez encore
Que vous deviez un jour chez nos derniers neveux
Leur disputer l'honneur d'être maudits comme eux ?

Mais du collège enfin foulez aux pieds les chaînes.
O liberté ! sans toi les plaisirs sont des peines !
Quel destin vous attend, si de la vérité
Le flambeau redoutable est par vous présenté !
Que de petits esprits, jaloux de noms célèbres,
Prendront contre le jour parti pour les ténèbres !
Leur nombre dangereux fait leur autorité :
Les sots depuis Adam sont en majorité.

La divinité même inspire Anaxagore (1);
D'un exil flétrissant l'arrêt le déshonore.
Les rêves d'Aristote abusaient nos aïeux :
Galilée indigné change l'ordre des cieux.

---

(1) Anaxagore soutint le premier qu'une intelligence divine
avait présidé à l'arrangement de l'univers. Les prières de Périclès, son élève et son ami, ne purent lui épargner la honte
d'être chassé d'Athènes comme un impie.

Sans pitié loin du centre il rejette la terre,
Du soleil par sa marche il la rend tributaire....
N'a-t-il pas expié par trois ans de prison
L'inexcusable tort d'avoir trop tôt raison?

Répondez : que servit aux maîtres de la lyre
De suivre les écarts d'un immortel délire?
Faut-il d'un seul exemple attrister vos regards?
Le siècle de Louis, le siècle des beaux-arts,
N'accorda qu'à regret, vaincu par la prière,
Du pain au grand Corneille, une tombe à Molière.
Nourrissez donc le feu de vos nobles désirs;
Immolez à l'étude, état, repos, plaisirs;
Veillez, jeunes auteurs, pour qu'un jour d'injustice
De dix ans de travail renverse l'édifice!
Je veux qu'un beau succès couronne votre orgueil;
Un peuple d'ennemis vous suit jusqu'au cercueil.
Triste sort des talents! La noire calomnie
Flétrit de ses poisons le laurier du génie;
Mille insectes impurs en rongent les rameaux,
Et, comme le cyprès, c'est l'arbre des tombeaux.

Vous qu'Apollon choisit pour siéger dans son temple,
Oserai-je en passant vous citer votre exemple ?
Que de fois la critique a de son trait cruel
Effleuré jusqu'au vif votre cœur paternel !
Que de fois l'indigence au fond de votre asyle,
Sans feu, durant l'hiver, fixa son domicile,
Quand vous n'osiez encore, humbles dans votre orgueil,
Aspirer aux honneurs de l'immortel fauteuil !

Mais sortez, direz-vous, du temple de mémoire;
Cessez d'unir l'étude à l'amour de la gloire....
Vous m'avez prévenu; c'est dans l'obscurité
Que l'étude est un pas vers la félicité.
La vérité m'attire, et, soigneux de me taire,
Je la cherche, la trouve, et la cache au vulgaire....
La cacher! à ce mot vous répondez soudain,
Comme l'eût fait Caton dans le sénat romain.
« La cacher! il le faut, si sa clarté peut nuire;
« Mais au pied du bûcher dût-elle te conduire,
« Si tu conçois l'espoir d'être utile aux humains,
« Parle, aux fers des tyrans cours présenter tes mains.

« Parle, c'est ton devoir; philosophe, à quel titre
« Du bonheur des mortels te rendrais-tu l'arbitre?
« Tu pâlis.... de quel droit priver des malheureux
« De ce dépôt sacré qui t'est commis pour eux?
« La gloire n'est, dis-tu, qu'une illustre fumée?
« Il s'agit d'une dette, et non de renommée.
« Parle au prix de tes jours; le sacrifice est grand,
« Mais tu te l'imposais toi-même en t'éclairant.
« Ton honneur, ton pays, le monde le réclame,
« Meurs donc infortuné pour ne pas vivre infame. »

L'alternative est grave, et, parmi vous, je crois
Qu'on eût vu Fontenelle hésiter sur le choix.
Un auteur fut souvent brûlé pour un bon livre;
Il est beau d'être lu, mais il est doux de vivre.
Je suis sexagénaire et crains de m'exposer;
Que j'arrive à cent ans, et je veux tout oser.
Voilà mon sentiment, messieurs, ne vous déplaise.
Je le redis encor, retranché dans ma thèse:
Comme ce roi Janus qu'adora l'univers,
L'étude offre à mes yeux deux visages divers.

L'un est bouffi d'orgueil, mais pâle de tristesse;

L'autre, calme et riant, ressemble à la sagesse.

Le sage qui la suit, prompt à se modérer,

Sait boire dans sa coupe et ne pas s'enivrer.

Quel que soit de nos jours ou l'éclat ou le nombre,

L'existence de l'homme est le rêve d'une ombre (1) :

Veux-tu donc l'embellir, ce rêve passager?

Pourquoi chercher au loin un bonheur mensonger?

Livre-toi tout entier à la douceur secrète

D'ensevelir ta vie au fond d'une retraite.

Sans t'épuiser en soins, sans te perdre en projets,

Laisse errer ton esprit sur la fleur des objets;

Repoussant loin du mien l'aliment qui l'accable,

Je cherche à le nourrir d'une science aimable.

J'exerce ma raison avec timidité;

J'adore sans orgueil la sainte vérité.

Virgile ou Cicéron m'enflamme à son génie;

Ils me font tour-à-tour fidèle compagnie.

Que j'aime Cicéron lassé du consulat,

---

(1) Σκίας ὄναρ ἄνθρωποι. (PINDARE.)

Préférant Tusculum aux pompes du sénat !
Entouré de faisceaux, je l'admirais dans Rome ;
Là, je vois l'homme heureux qui vaut bien le grand homme.

Le sort m'a-t-il repris ses présents incertains ,
L'étude moins trompeuse adoucit mes chagrins ,
De mes sens agités calme l'inquiétude ,
Dissipe mes ennuis, peuple ma solitude.

O champs d'Occitanie, ô fertiles vallons !
Quand la fraîcheur du soir descend du haut des monts,
Sur des gazons fleuris, à l'ombre des vieux chênes ,
Laissez-moi m'égarer aux bords de vos fontaines.
L'aspect de l'univers m'élève à son auteur ;
Il me révèle un Dieu, mais un Dieu bienfaiteur.
J'apprends à mépriser cette horreur fantastique
Qu'au chevet des mourants plaça la politique.
Doit-on dans ses décrets prévenir l'Éternel ?
Mortel, songe à toi-même en jugeant un mortel ;
Et, faible comme lui, ne sois pas plus sévère
Que ce Dieu qui pardonne ou qui punit en père.

Avons-nous à pleurer la perte d'un ami,
Notre esprit est plus fort par l'étude affermi.
Que c'est bien, à mon sens, la volupté suprême,
D'oublier les humains, de descendre en soi-même,
De fixer dans son cœur, trop long-temps combattu,
L'inaltérable paix que donne la vertu!
Fais-toi donc de te vaincre une douce habitude;
Oui, consacre ta force à cette noble étude;
Elle est digne de l'homme, elle mène au bonheur:
Apprends, pour être heureux, à devenir meilleur.

Mais je vous vois sourire, auguste Aréopage;
« Docteur, me dites-vous, c'est raisonner en sage:
« Pour vous l'étude obscure a seule des douceurs;
« Vous rimez cependant en blâmant les Neuf Sœurs.... »
J'entends, brûlez mes vers. Dans l'ardeur d'un beau zèle
Je condamnais la gloire et l'étude avec elle.
Ingrat, je blasphémais; leurs rêves séduisants
D'un orgueilleux espoir caressaient mes vieux ans,
Me promettaient déjà cette palme éclatante,
Digne prix qu'Apollon par vos mains nous présente,

Dans mon cœur épuisé réveillaient des desirs,

Et réfutaient mes vers en charmant mes loisirs;

J'étais heureux enfin. Dans cette triste vie,

Où de revers si prompts la victoire est suivie,

Où nos plus doux plaisirs deviennent nos bourreaux,

L'étude, après l'amour, est le meilleur des maux.